理想国へのご招待

はしがき

どんな人でも、何らかの「理想」を持っている。大きな理想もあるし、小さな希望もある。それは単なる欲望といったものではなく、もっと高いものだ。それは人間が、今よりももっと良くなりたい思いであり、本当は「神の国」を求めているとも言える。つまり、自由と平等と、豊かさなどであろう。

しかし現実には見えて来ない。それは「神の国」が見えないからであり、ナイのではない。むしろ見えるものの方がニセモノで、見えないものが本物だ。それが分り、「理想国」がすでにアルことが分ると、それがその世界への〝ご招待〟ということになる。

平成十二年四月十日

谷口清超

目次

装幀・松下晴美
本文イラスト・まさごあお

理想国へのご招待

与えることが大切だ

あなたはすでに豊かに与えられている。人は自分の利益ばかり考えてはいけない。人の為につくさなければならないし、公共の福祉にも貢献することが大切である。そのように、国家も自国の利益ばかりを追求していると、やがて全世界の嫌われ者になる。その意味で「友人が困っている時には、多少の犠牲を覚悟で援助する」ことも必要である。その援助が正しい行為であれば、犠牲は必ず何らかの形で報いられ、またわが国に返ってくる。友人を救えば、自分もまた救われる。因果は必ず果たされる。そして何年か後に、いや幾百年かの後に、かつて与えた以上のものが与え返されてくるのである。

今ここが有難い

大都会には大都会の美しさがあり、田舎には田舎のよさがある。それを都会にいて、その汚なさにのみ目を向けたり、田舎に住んでその不便さのみをかこつのは、間違いである。それは恰《あたか》も男に生れて女でありたいと願ったり、女に生れて男になりたいと思い、わざとらしく男のマネをするようなもので、全く時間とエネルギーとの浪費である。単にそれのみではなく、人々に「不平不満」の毒気を吹き込む悪業を積む。あなたは先ず、あなたの今住んでいる場所に感謝しなければならない。そこがベトナムの戦場でもなく、アフガニスタンのソ連軍戦車の前でもなく、日本の都会乃《ない》至《し》は田舎であることに、心から感謝するがよい。

そのままを生きる

あなたは躊躇《ちゅうちょ》してはならぬ。あなたは立ちどまって周囲を見回してはいけない。あなたは、ただまっしぐらに進む。その時、あなたは、高く張られた一本の綱の上を、堂々と歩むことができる。あなたの中に不安と動揺が起ると、あなたはその綱をふみ外す。そのようにして、あなたの人生は蹉跌《さてつ》する。だからあなたは、まっすぐ歩め。眼を正面にすえて、不動の目標を見つめて歩むのだ。それは純粋に澄み切った心だ。幼な児の心であり、邪念なき心である。そのまま生きるとは、そのように生きることだ。

明るい心

明るい日射しが人の心を明るくするように、明るい心は人生を輝かしいものにする。あなたの運命は、あなたの心の明るさ如何《いかん》で、どのようにも左右される。いくら頭がよく弁舌さわやかでも、暗い心の持主の運命は暗いのである。もしあなたが「どうして自分は運が悪いのか、人に好かれないのか」と疑問に思うならば、あなたの心が暗く、顔に明るさが足らないのではないかを反省せよ。心の明るさは、言葉の明るさや、表情の明るさとなって現われる。それ故言葉や表情を明るくすると、自然に明るい心になるのである。

あなたの中の全て

あなたの中に一切がある。山も川も草も木も、祖国も、父母も、兄弟も……それ故、あなたはあなた自身と和解し、調和し、あなた自身に感謝しなければならぬ。あなたがあなたに感謝するとは、本当の神の子のあなたを見出し、それとあなたが合一し、そのすばらしさを実感し、讃嘆することだ。「ああ、この世に生れて、私となって有難い」と思う。その思いとなるならば、あなたの周囲の一切のものは、あなたを祝福し、あなたの意のままに協力し、あなたのすばらしさを称揚《しょうよう》する。あなたは、果してあなた自身であることを、本当に悦んでいるのであろうか。

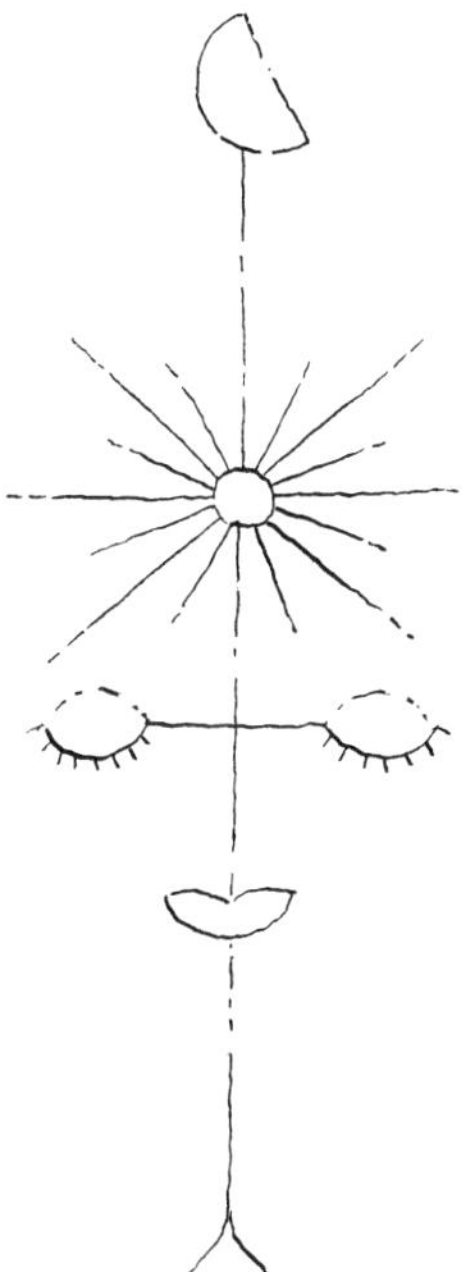

神の星を見つめて

変化することを怖れてはならぬ。又、変化しないことを嘆いてはならない。一見変化しないようであっても、この世の中の全ては、刻一刻変りつつある。それ故、今やるべきことを真剣にやり、そこにあなたの熱意と力をそそぎ込めばよい。変るべきものはごく自然に変り、変ってはならぬものは保持される。変るか変らぬかより、「いかに生きるか」が問題だ。もしあなたがひたすら神のみこころを目ざして進むならば、目じるしの星をみつめ駱駝《らくだ》で砂漠を横断するように、あなたは困難な人生を乗り切って、必ずオアシスにたどりつく。そして又そのオアシスから、次のより良いオアシスに向って更に進んで行く。その行手を、神なる星は、たえず示し給うのである。

育てる心

かつて鮭《さけ》がとれすぎるくらい殖《ふ》えたという。鮭は昔長野県にまで産卵に来ていた。ところが河水のよごれやダムや河床の変化のため、鮭はめったに長野県の河を上らなくなったが、それでも次第に回復のきざしが見え始めている。資源や産物は減るばかりではなく、注意して育てれば、殖えてくる。それは人間の心によってどうにでもなる。心が愛にみたされ、「いのちを守り育てよう」と強く思うならば、そうなって行く。それ故吾々は、奪い取る心を捨て、与え、育て、守り、愛する心を拡大しよう。凡ゆる分野に於いてそのような人が育てば、わが国の将来は必ずやすばらしいものになる。

豊かな人たち

真に豊かな人間は、金を沢山持っている人々ではない。自分名義の財や、家族に分散した財産が沢山ある者でもない。そのような人は概《おおむ》ね「どうやって財産を隠し持とうか」と思い汲《きゅうきゅう》々としているが、それは「貧しい」人である。ところがそんなことに拘《かかわ》りなく、月を愛し、山を愛《め》で、海の美しさを讃嘆し、与えられた一掬《いっきく》の水のうまさに感動する人は、豊かな富んだ人々である。今あなたは、即刻このような心の持主となり、世界一の富者となることが出来る。あなた名義の財産のような、チッポケなものに引っかかるな。大空にまたたく全ての星々と、太平洋の海の水と、全ての魚と海藻《かいそう》とは、全てあなたのものであると思って暮すがよい。

失礼な無言

新聞の投書欄に曰く。バス停で新聞を読んでいる人が定期券を落とした。本人が気付かぬので、「もしもし落ちましたよ」と知らせると、彼は黙ってそれを拾い、また新聞に読みふけった。お礼の一言もない、目礼もせず微笑もしなかったというのである。これは確かに失礼な行為だ。いくら新聞を読むのに熱中していても、お礼の一言ぐらい言えないはずはない。この無言、この無愛想《ぶあいそう》、このものぐさ、利己主義、怠慢を、早く何とかしようではないか。そうしないと日本はいつまでたっても野蛮で下品で冷たいという評価を受けるだろう。ちょっとした微笑、「有難う」の一言が、社会や国を明るくし、人々の心を和らげるのだ。

神想観の功徳

あなたの心の中にある思いは、必ず何らかの形で現われる。表情やコトバや態度に現われ、やがて肉体や環境に出るのである。それ故あなたは、先ずあなたの心を浄化せよ。心に愛を抱き、明るい知性を把持《はじ》し、下劣な思いに心を汚してはならぬ。そのため、朝起きてすぐと夜ねる前との二回、必ず神想観を実修せよ。心を神にゆだね、神の作り給うた真実世界に遊ばせるのだ。そうすればあなたの心は日々神意に傾き、神の作り給うたそのままの人間、無限の智恵と愛と生命とに輝く「理想の人」となり、あなたの運命は旭日《きょくじつ》の如く輝き昇らざるを得ないのである。

あなたの良さ

あなたの中には、あなた自身の気付かぬ良さがある。それはあなたには分らぬかも知れない。丁度、自分の匂いが、自分自身に匂わぬようなものだ。何故なら感覚や知覚は、ごく大雑把《おおざっぱ》なもので、全相を把握《はあく》することができないからだ。あの赤ん坊を見よ。彼らはスヤスヤと眠り、時に目をさまして笑い、泣く。がしかし赤ん坊自身はその可愛《かわい》さやすばらしさを一向に知らない。でも赤ん坊は、皆から愛され、まもられ、育てられる。そのように、あなたも、あなたの知らない良さによって、人々から愛され、まもられ、協力されるのだ。もっと自信をもって伸々《のびのび》と笑え。素直であれ。

匂いのある世界

明るい太陽が新緑に映《は》える時ほど美しい風景はない。新鮮な樹や草の匂いが、あたり一面に立ちこめる。物には夫々《それぞれ》匂いがあって、独自の存在を誇っている。そのように、人間にも夫々人格の匂いがあり、その一部が体臭となる。それが強くても弱くても、心の匂いが、あなたの人格を主張する。それがあなたの仕事を進め、あるいは遅らせ、あるいは又、あなたの運命を好転させ、暗転させるのだ。あなたの心が天地一切のものや自然の山川草木に感謝し調和していれば、あなたの匂いは新緑の匂いのようにさわやかに人の心にしみ透り、あなたの願いが、天地に感応し理想が成就する。

輝かしい人格

その人がそこにいるだけで、パッと明るくなるような人がいる。そんな人は、ただそこにいるだけで、職場や家庭やクラスを明るくする。それはその人の人格の輝きだ。あなたは、そのような人になれ。必ずなれるし、ならなければならない。なるように、運命づけられている。それをさまたげているのは、あなたの「劣等感」だけである。あなたは、肉体自我を自分と思いちがえている。劣等感を拭《ぬぐ》い去れ。よろこび、よろこべ、そして愛行を積むことだ。自己卑下は、決して謙遜《けんそん》ではなく、礼節でもない。それは、自己破壊の一種に過ぎないのである。

思う通りの世界

世の中が「思う通りに行かぬ」と思っていると、その思う通りに「思う通りに行かぬ」世界が現われる。それは結局「思う通りになっている」のだが、本人は「やはり思う通りに行かぬ」と思い込んでいる。そこで一つ思い切って「世の中は思う通りになる、必ずそうなる」と思うことだ。すると、思う通りになって行くので「なるほど、思う通りになるものだ」と分る。このように、人生においては何事によらず積極的に考えなければいけない。人生に勝利する秘訣は、ただひたすら光を前進させることだ。そうすれば、必ず闇は消え去るのである。

あなたは主人公

あなたが悲しむ時、それはあなただけが悲しむのではない。全世界が悲しんでいる。心はどこまでも広がるから。あなたが喜ぶ時、全世界が歓喜する。それが積もり積もって美しい山河となり、大小の都市を美化し、全世界に平和をもたらす。だから一人よりも二人、二人よりも三人と、喜ぶ人々の数を増やそう。その喜びも、一層高度のものとしよう。人々のためにつくし、人を慰め、人を救う喜びを拡大しようではないか。そうすれば必ず美しい「理想世界」を実現することができる。あなたの前に広がる野も山も、あなたのものであり、あなた自身が主人公だということをゆめ忘れるな。

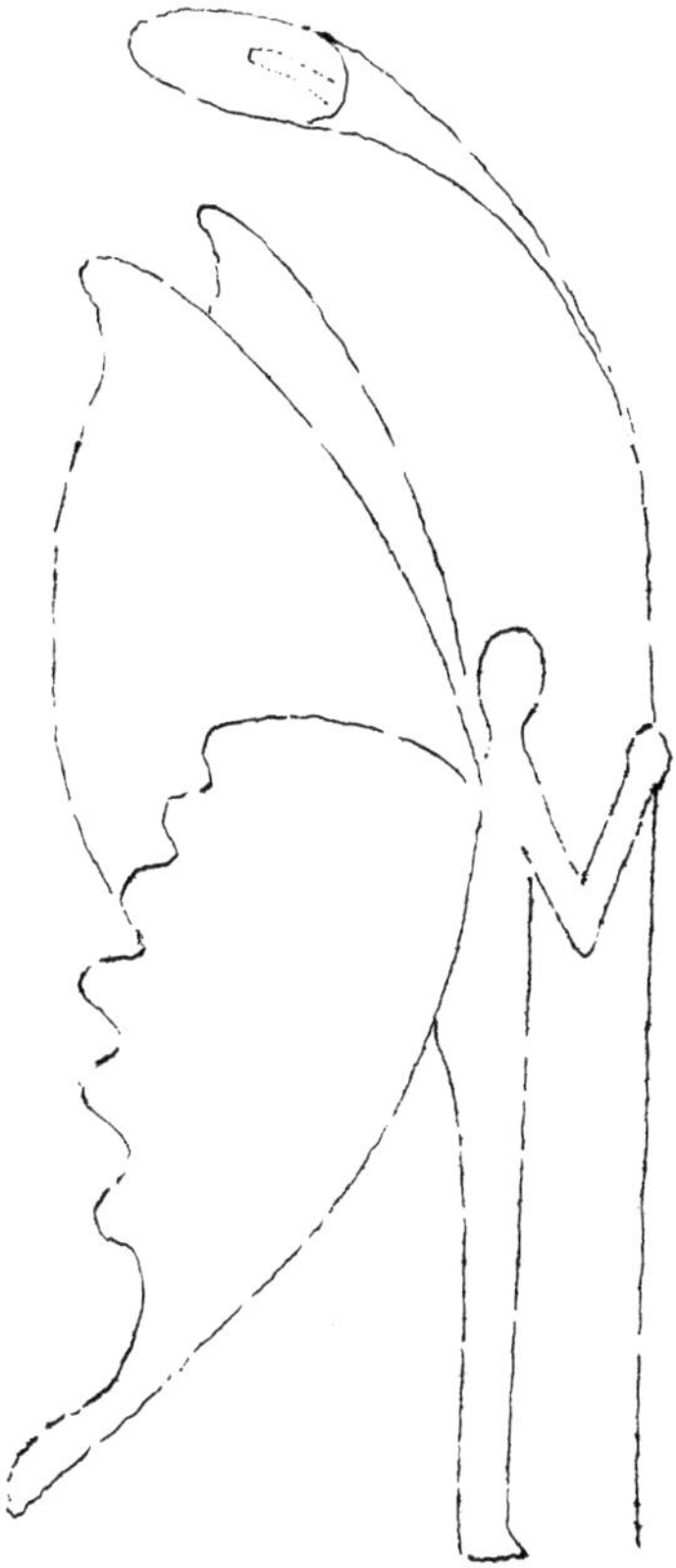

記憶と忘却

人はいつしか苦しくて嫌な思い出を忘れるものだ。少くとも細部を忘却《ぼうきゃく》の淵《ふち》にけ落そうとする。それはその人の心を柔らげ、未来に向けて希望の門出をさせるためである。それ故あなたは「忘れる」ことを恐怖してはならない。忘却を悪魔の如く憎むな。恐れ憎むとそれは必要以上にその力を誇示し、あなたが憶えていなければならない記憶をすらも奪いとる。憎むな、恐れるな。忘れることを忘れてしまえ。自然法爾《じねんほうに》に、感謝して生きるならば、適当な忘却と記憶が、あなたの人生を豊かなものとする。この世に悪がなく、凡てがあなたの味方であるからである。

悪事と神様

世の中に、悪事を働く人々が絶えないのは、彼らがものの善悪を正しくわきまえないからではない。知っていながら、悪いことをする。それは何《な》故《ぜ》であるか。自分自身を「悪い人間」と思っているからである。神様と自分とは、縁がないと思っている。だから自分に悪事がふさわしいと錯覚し、悪事への誘惑に屈するのだ。それ故、悪事をなくするには、人間はみな善人だ、善性そのものであり、神の子だ、仏だ、すばらしいのだと知らせることである。そうすれば人々は必ず善い事をするようになる。もし自分を神の子と知って悪事を働くのであれば、その神が、本当の神でなく、ニセモノの神、チョイチョイ悪事を見のがす神とでも思っているからであろう。

甘くて辛い言葉

人の話を聞いても、自分に都合のよい所だけを取り、都合の悪い所を無視しているのでは、いささかの進歩もない。人は「甘い言葉」によってのみならず、「辛い言葉」によっても成長する。食物の味と同じで、それらが適当に交り合っていなければならない。生長の家の教育は、美点をみとめのばす教育である。それは美点を「みとめる」点では「甘い言葉」かも知れぬが、さらに「伸ばす」ためには「ゲキレイの辛い言葉」が必要である。「しっかりやれ、必ずできる、ガンバレ、練習せよ」という励ましがなくて、何の進歩があり成長があるか。日本人もこれからはもっともっと、徳性と善意と表現力を伸ばさなければならないのである。

愛するために

人を愛するということは、その人以外の人々を排斥することではない。そんなことをしていると、必ず不幸になる。それは丁度愛する樹木の周囲から、一切の樹々を伐《か》り取って、一本松か一本杉を作るようなものである。それと同じく、日本を愛するものは、外国を排斥し、外国を軽視してはならない。もし日本が外国から孤立したら、もはや日本の命運は、尽き果てる。一本杉は、やがて伐られてしまうし、一本松ではすぐ虫がつく。いきているものは、お互いに助け合い、支え合って行かなければ永続することができないのである。

風と雨とに感謝しよう

強風は有難い。それは地球の掃除機《そうじき》のようなものだ。スモッグやよどんだ空気を吹きはらい、天上と地上との温度差を少なくする。もしそれによって発電機を回せば、電力を取り出すこともできる。強風や嵐や台風に感謝しよう。感謝し和解すると、相手は吾々を害しなくなる。それどころかいつの間にか吾々に、思いもかけない〝恩恵〟を与えてくれる。だから雨にも風にも嵐にも、感謝しよう。その奥にある豊かなエネルギーに、神の無限力を感じ取り、その愛撫に身をゆだねよう。そしてその手から、神の活力を吸い上げよう。人は本来無風地帯や砂漠に生活するものではないのである。

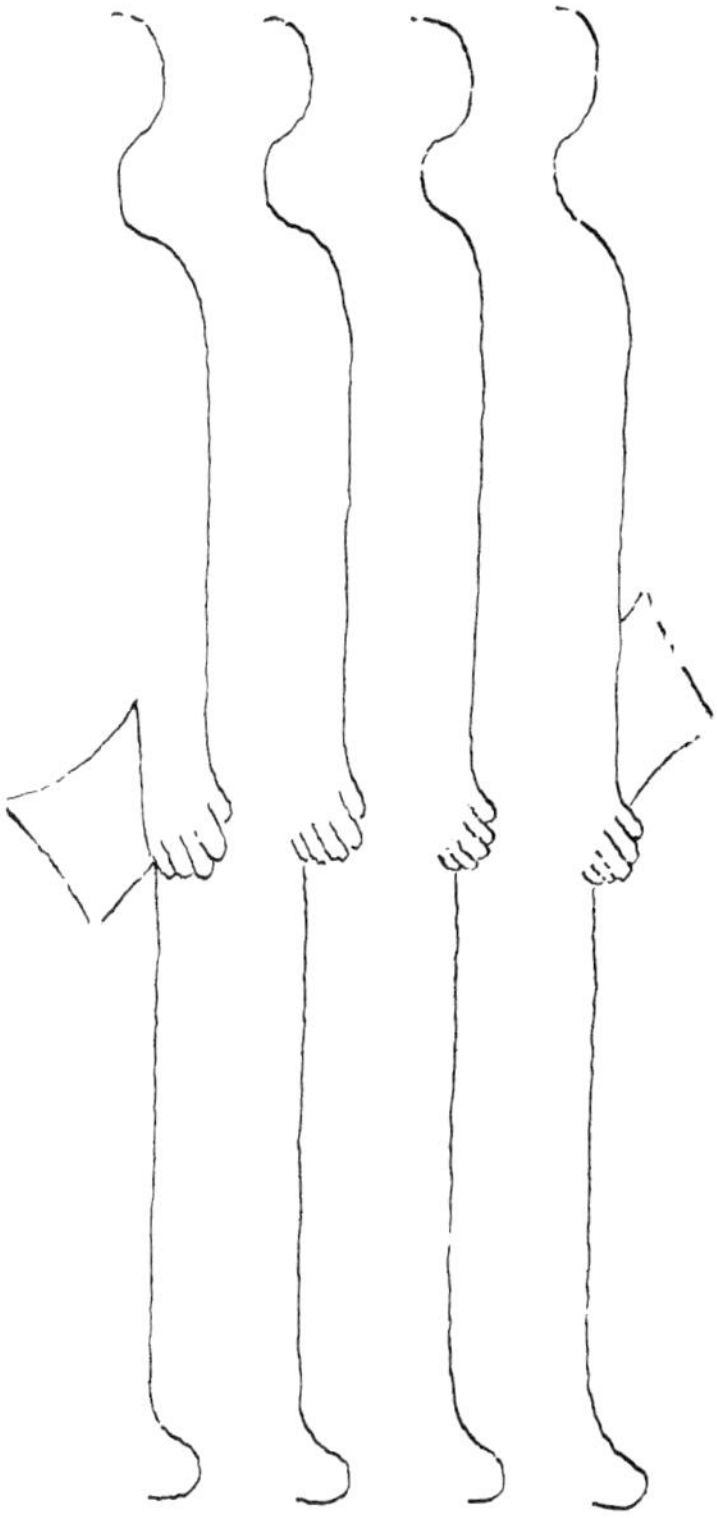

無から無限を

夏になると、染々《しみじみ》太陽エネルギーの強大さを感ずる。終日照りつける強烈な光によって、瓦《かわら》は焼け、砂は燃え上る。その光が全世界の三分の一の陸と三分の二の海とに降りそそぐのであるから、これを活用しないで、エネルギー不足を嘆くのはおかしい。さらに又全世界の海中に含まれる水素を分離すれば、エネルギーは無限である。これからの人類は、太陽と水とからエネルギーを取り出さなければならぬ。そしてそのためには火水《かみ》の叡《えい》智《ち》をわがものとする祈りが必要である。力もエネルギーもゆたかにあるが、それをそのまま放置しておけば、無に等しいのだ。この無から、無尽《むじん》蔵《ぞう》を取り出す偉大な仕事に、あなたもまた強力に取り組んでほしい。

宝さがし

あなたはあまり小さなことに引っかかりすぎてはいけない。ちょっとした友達のひやかしの言葉に引っかかって、ノイローゼになった人もいる。自分の肉体の欠点でも、人はあまり気にしていないのに、自分ばかりひどく気に病んで、暗い心で人生を棒に振る人がいる。たといどんな欠点があっても、明るく深切な心の人は、必ず人々から愛されまた尊敬されるようになる。人生は一種の「宝さがし」のようなものだ。人や自分の美点を見て、欠点を見ないようにしなければならぬ。人生を「ゴミさがし」にするか「宝さがし」にするかは、あなたの心次第である。

光を求める生活

光の中を歩め。たとい黒雲に覆《おお》われた陰鬱《いんうつ》な日でも、雲の上には太陽がある。その太陽が、必ずいつか顔を出す。そのことを常に心に把持《はじ》し、光を求めて生き抜こう。人生に光を見、光明の輝く所のみを求めていると、光は出て来る。それは丁度《ちょうど》、骨董品《こっとうひん》を求めている人の前には、様々な骨董《こっとう》屋《や》が現われ、カメラに熱中している人には、どこに行ってもカメラ店が目につくようなものである。人の美しさ、善良さ、すばらしさのみを追求し、光の中を歩め。必ずそのような美しい世界が現われてくる。

あなたは偉大である

あなたが本当に幸せになるためには、先ず自分の偉大さを自覚しなければならない。肉体的には不完全で、才能が充分現われていないかも知れないが、あなたの中には「神の子」の素晴しさがそっくりそのまま投入されている。その証拠に、あなたは偉い人を偉いと思うであろう。素晴しい音楽をきけば感動するだろう。天才的演奏に接すれば「何という神技だ。私にはとても及びもつかぬ」と讃嘆する。それはあなたに偉大な力があるから、そう思えるのだ。猫や犬には、そうは思えない。だからあなたには、偉大なものに対して、自己卑下《じこひげ》してはならぬ。それよりもむしろ、あなたの中に独自の偉大さを見つけ出し、それをどんどん伸し出して行くことだ。

神の大洋

あなたがもし孤独ならば、神と偕《とも》に二人と思え。あなたがもし悩んでいるなら、神がそれをそっくり救い取り給うと思え。あなたの心が神に直通すれば、神なる「無限」に一切が吸収され浄化され、あなたの胸には何の不安も、憤りもなくなる。あなたの心が静謐《せいひつ》となり、神の大洋となるとき、あなたの才能は益々光り輝き、あなたの愛は、全家族、親族、友人、知己に及び、あなたは凡ての人々から信頼され、讃嘆される。

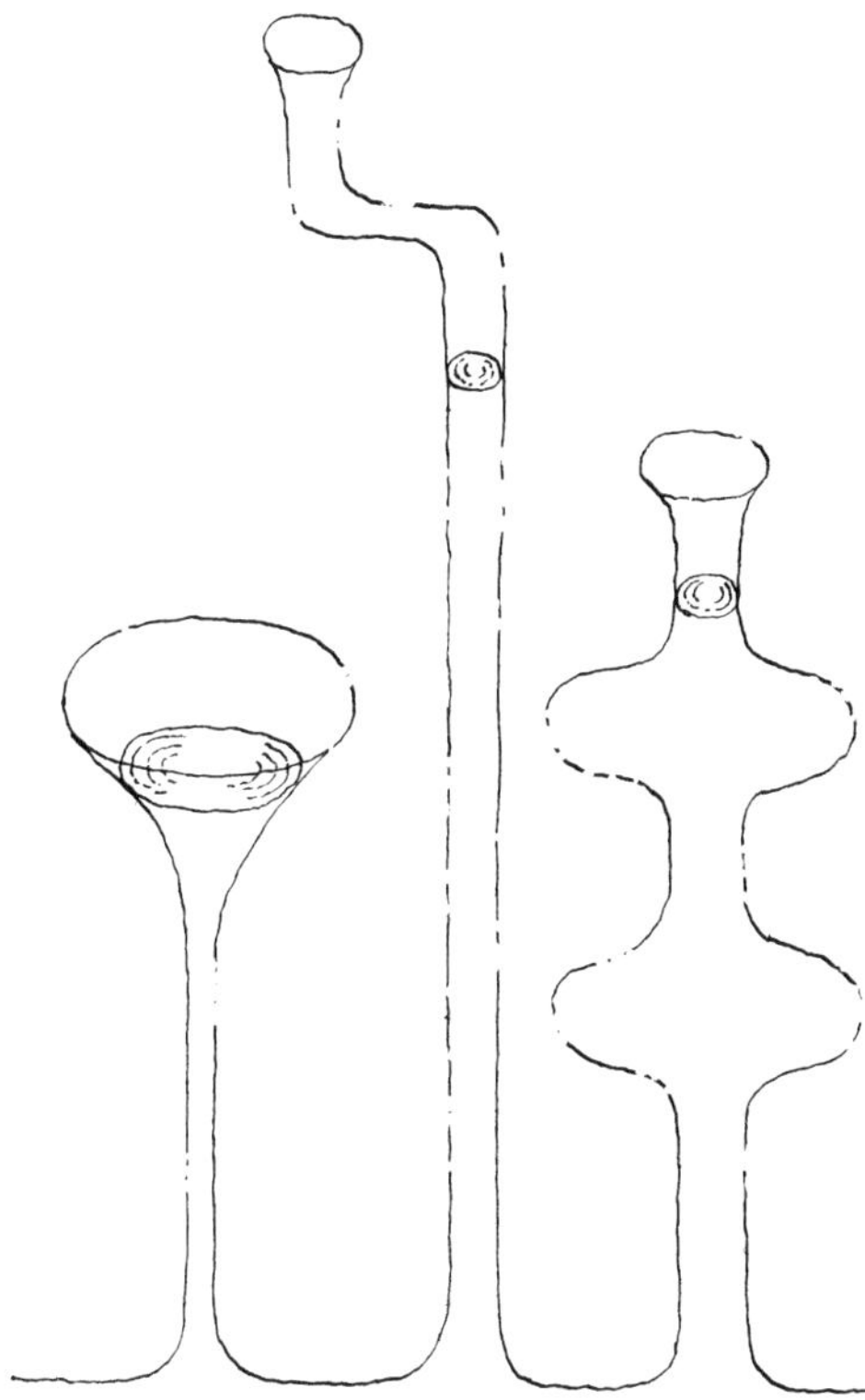

愛してはいけない人

もしあなたが愛してはいけない人を愛したら、あなたはどうすべきか。あなたのその愛が純粋であり、あなたの「愛してはいけない」という判断が正しいならば、あなたはその人から遠ざかることだ。その遠ざかり方にも色々あるが、あなたの愛は清らかなままで保たれ、昇華《しょうか》し、あなたは次に愛してもよい人を心から愛しうる幸福をつかむことが出来る。ただあなたの判断が、愛してはいけないと思うとき、その愛がもっと包容的《ほうようてき》な愛であれば、愛してはいけない人など一人もいなくなるのである。イエスも釈迦も、全ての人々を愛されたのではなかったか。

薪を備えること

人生には春も来れば、秋も来る。冬枯れを白雪が埋め尽しても、必ず又暖かい春が訪れる。だからあなたは、いつも目前のことばかりを考えてはいけない。次に来るものをあらかじめ予見し、その備えをし、明るい希望にみちた日々を送ることが肝要だ。どんな寒い冬でも、薪《まき》の準備があればしのげるように、あなたは必ず正々堂々と、未来をたくましく明るく乗り切って行くことが出来る。何故なら、あなたには豊かな神の叡智という〝薪〟がたくわえられているからである。

努力する悦び

天才は必ず努力する。あるピアニストは毎日十時間練習をすると語っていたが、そのように努力することが出来るまで努力を積んだのである。すると削岩機《さくがんき》が岩盤《がんばん》を掘り下げるように、地下にある温水が自然に噴《ふ》き上げる。それが才能の泉だ。どこをどう掘るかによって、泉の種類も違うだろう。しかしいずれにせよそれは神があなたに与え給うた天賦《てんぷ》の才だ。決してあなただけのものではなく、それは全人類のものである。故にあなたは、泉を掘らねばならないし、その泉の恵みを多くの人々に分ち与えなければならない。あなたは努力すべく使命づけられている。そしてその努力があなたの「悦び」となるのである。

自衛権について

国家が生命体としてのいのちを持つ以上、それは自衛権をもつ。この権利は生得的なもので、他から与えられたものではない。それは人間が生きる権利を持つのと同じであって、その権利は神授のものである。従って、憲法がどう規定しているからとか、外国とどう約束したからとか、何とやらの三原則をこしらえたからとかいったもの以前の問題である。それ故、吾々はこの生きる意志をしっかり自覚して、祖国を自衛する決意を示せばよい。一体、誰に、何を遠慮しているのであるか。不完全な憲法があるなら、どんどん正当なものとしたらよいのだ。

個性的国家

この世には、プラスの働きとマイナスの働きとが均衡《きんこう》して作用する。把住《はじゅう》と放行《ほうぎょう》との二者である。それ故、国家の心も、他国と共通し拡大する一方、個性的なものを益々増大し、より一層特殊化し、独自的となるのである。このような「個性」を失った国家は、やがて必ず滅亡する。それは恰も水面に落ちた染料が、次第にとけて流れて無に帰するようなものだ。人間は「神の子」として一人一人が個性的である。そのように国家も、その個性を保ち、自主独立し、自らの意志で生きる。そして自らの意志で、全世界と協調し、大調和し、理想世界を作り上げて行くのである。

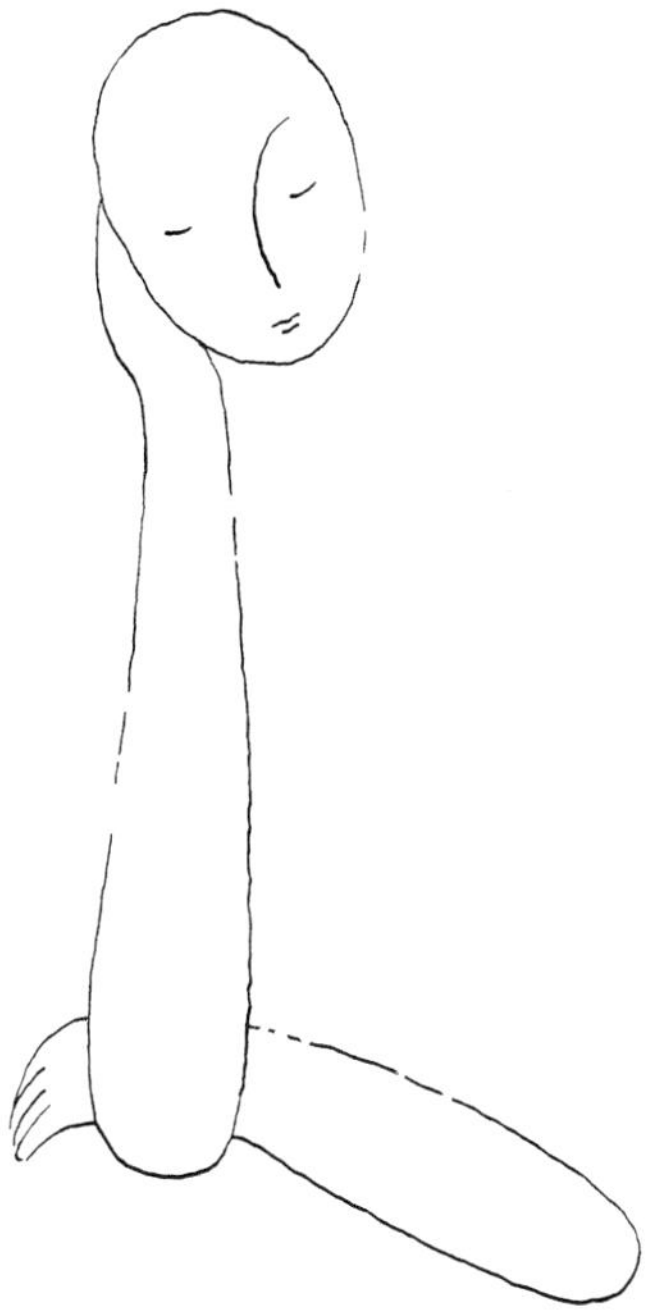

放つ愛について

人を真に愛するのは、中々難しい。人はとかく相手を縛《しば》りたがるからである。自分の思い通りにしたいと思う。しかしそれでは相手は必ずしも幸せでない。ことに男女の恋愛は、二人切りになろうとし、しかも相手を自分と同じにしようとする執着の気持が強い。しかしそれは愛の一面であって、二人は一つであると共に、個性的にちがうのだ。それ故いつまでも縛り合っていると、遂に息苦しくて、不自由になり、そこに争いが生じ、別れたくなる。どうしても愛の成熟が必要だ。こうして人々は「放つ愛」を学ぶ。いやでもそれを学ばぬことには「愛する幸せ」を味わうことはできないのである。

空の種子

あなたは物事の表面だけを眺めて判断してはならぬ。表面の奥深くに、深層の流れがある。ある結果が出るまでには、色々の隠れた原因が播《ま》かれている。表面に出て来ない種子もあるし、これから後次第に生えてくる種子もある。形ばかりで、実ることのない空の種子もある。そんな種子はいくら播かれても、永久に結実しない。それは丁度美辞麗句《びじれいく》のお礼や、おせじのようなものだ。そんな空種子《からだね》をいくら播いても、何も生えはしない。生えるのは、たくましいいのちのある雑草ばかりだ。中に実のある、生きたよき善行の種子を播こうではないか。

唸り、泣き、笑う

ある禅宗の僧侶が、肉体がひどく痛んだとき、思い切り唸《うな》った。するとその痛みを越え、いつしか痛みが消えたという体験を話していた。痛い時は唸り、悲しい時は大声で泣く。うれしい時には思い切り笑う。そんな人々は、不幸に打ちひしがれることはなく、むしろそれを乗りこえて行くことが出来る。肉体は心の表出口であるから、それを大きく開放すると、心の抑圧《よくあつ》が取りのぞかれ、元気を回復するのである。それをとかく人々は、外見や体裁《ていさい》を気にして、心とうらはらな表情をし、態度をとる。その結果苦しみを永びかせ、癌や脳出血や自殺や、ノイローゼを引きおこしてしまうのだ。

ゴミタメあさり

光の中を歩め。暗いところを見るな。心を常に真・善・美にふりむけよ。もしあなたが、美しい人の欠点や汚点にのみ目をむけ、「あの人の足の裏はキタナイ」「あの人の脇の下は臭い」「あの人の鼻の孔はよごれている」などとあら捜しばかりしていたら、人はあなたを〝気違い〟と思うだろう。ところがそのように、人の欠点や失敗にばかり心をふりむけ、人々をさばき、日本の社会や国体のアラ捜しばかりをしている気の毒な人たちもいるのである。このような人々の仲間に入るな。あなたの人生は、そんなゴミタメあさりをするには、あまりにも貴重であり、美しく清くありすぎるのだ。

神のみ心を知れ

考えられる限り最高に柔らかいのが「神のみ心」である。それは全てをうけいれて下さる。それは全てを蔽い包んで下さる。それは全く抵抗を感じさせない。まるで神はいないかのようだ。五感六感を超越している。何の声も聞かせ給わず、強制もなさらぬ。しかもそれでいて、いつかしっかりと吾々を捉えて放さない。結局「神のみ心」に従わなければどうにもならない自分を見出すのである。そのことに気付くことが早ければ早いだけ、それだけあなたは幸せであり、あなたはより多く祝福され、広大無辺な天地におどりはねとぶことができるのである。

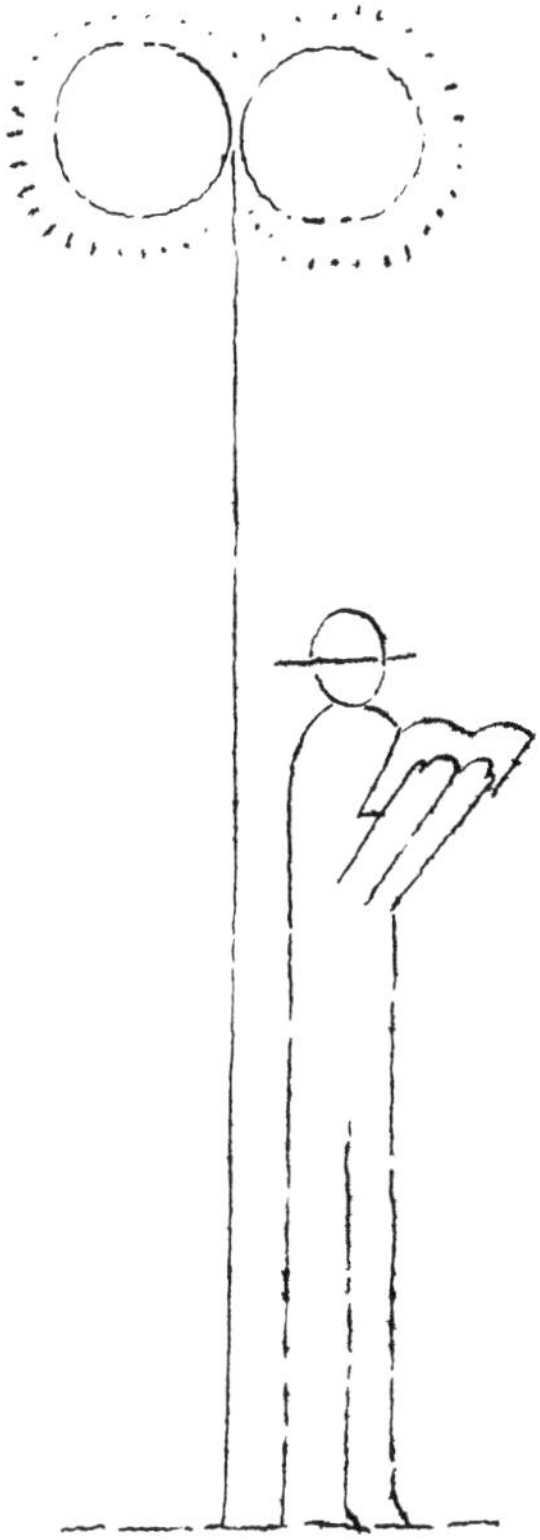

本格的人生

料理でも趣味でも、ちゃちな代用品でごまかしてはならぬ。本格的なものには、それだけの重みがある。代用品でごまかす癖《くせ》が付くと、配偶者も代用品で済ましてしまう。そして人生そのものがいい加減になるのだ。本格的人生を謳歌せよ。あなたは神の子だから、神の子らしい堂々たる一流の人生を生き抜く資格がある。人間と生れて、猿や猫の真似をしてもつまらない。人間は人間らしく生きることだ。あなたは誰に遠慮することもいらぬ。本格的料理を作り、本格的人生を、堂々と歩め。そうして初めてあなたは、一切の「劣等感」から脱却し、歓喜勇躍《かんきゆうやく》することができるのである。

豊かな人格を養え

あなたはいたずらにあせってはならぬ。常に正々堂々と、王道を往《ゆ》け。真理を実践せよ。あなた自身の人格を豊かならしめよ。世界の将来は、浅薄《せんぱく》な知識や学歴やコネやオベンチャラが通用する時代ではなくなる。もっとも本質的な人格の高さが、そして人間の厚みが、徳性の輝きが、より一層評価されるようになる。もしそうならなかったら、そんな世界には用はない、叩き壊してしまえ。そんなニセモノの世界にオベッカを使い、世渡り上手に年を取り、立派な墓を建て、その下にいち早くもぐりこんで、一体何の生き甲斐があるというのか。あなたが本当のあなたのすばらしさを現わせば、それを認め、それに同感し、共鳴してくれる人々が、必ずあらわれて来る。

作品とリズム

どんなにおいしいコーヒーでも、生《なま》ぬるいと不味《まず》い。どんなに有名なコック長の作ったスープでも、さめてしまうと味が悪くなる。だからスープを出されたら、すぐ頂戴するのがよいとされる。その他の食事でも、温かさが味覚を左右する。これは言い換えると、タイミングの問題だ。全ての作品や仕事がうまく行き、それが幸福をもたらすかどうかは、何時それがなされるか、いつ作られ、処理されるかによるのである。その「適時」をのがすと、仕事は失敗し、作品は魅力を失う。あたかもそれは音楽がリズムを失うようなものだ。拍子の外れた音楽など、三文《さんもん》の値打ちもない。人生に於いては、仕事のリズム感を身につけることがとても大切である。

いと小さきものに対して

人間は、自分自身の排気ガスを吸って生き続けることは出来ない。人間は植物の作ってくれた酸素を吸って生きる。そして又その植物も、動物の出す炭酸ガスという排気ガスを吸収して生きる。生物は全てこのようにして、その個体以外のものとの協力によって生きるのだ。それ故人間は、天地の全てのものと協調し、その保全を心がけねばならぬ。ところが人はとかく「自分だけ」の生存のみを図り、他の生物や植物に対する思いやりを失う。そして人間の本性がそこなわれ、自滅への道を歩み出す。あなたは果して、植物を、いと小さき者を、生かし、愛し、思いやっているであろうか。

人間を信頼する

人間を信頼するかどうかで、あなたの人生はバラ色にもなるし、暗黒にもなる。信用できない悪人どもに取り囲まれて生きる他仕方がないなら、一寸先は闇だ。ところが、人間はすばらしい神の子であり、善性そのものだと判ると、実に明るい未来が展望される。もし万一、そのどちらが本当か分らないというなら、明るい展望の方を取れ。そして明るく生々とした人生を送るのだ。それでもなおかつ人間は信頼に値しないと分ったとしても、明るく生きて来た期間は、永久に失われることのないよい思い出となる。そしてその思い出が、必ずあなたの人生をさらにかり立て、「人間はすばらしいのだ」という確信にまで導くにちがいないのである。

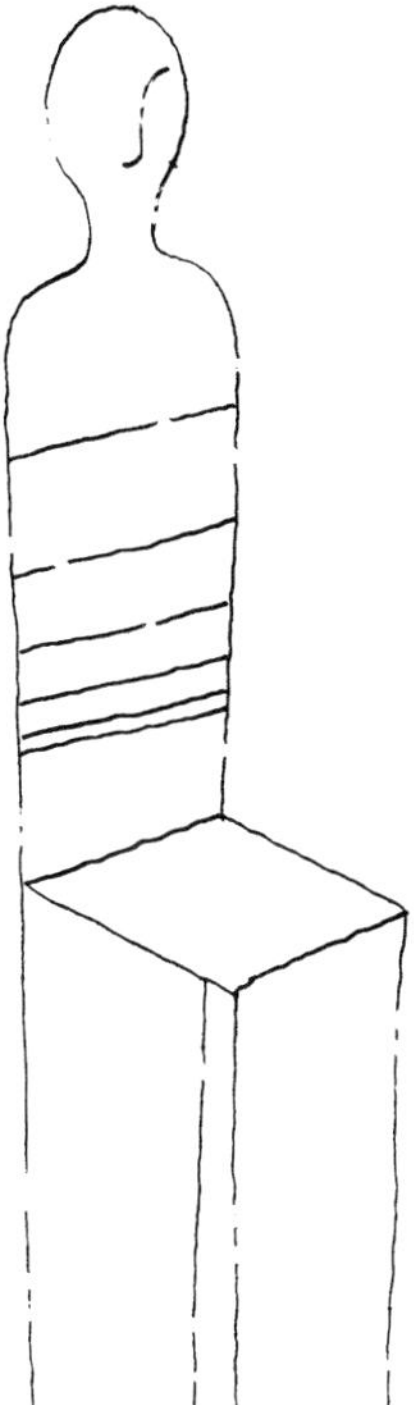

内気な人々

スリラー映画の巨匠ヒチコックは死んだ。彼は元来恥ずかしがり屋で内気な青年だったという。それが映画に打ち込み、大きな仕事を成し遂げた。あなたがもし自分を内気で恥ずかしがり屋だと思って苦しんでいるなら、それは全くの無駄である。内気でもシャイでもけっこう。そのままでよいから大きな仕事が出来る。それは内気を征服するのではない。内気なままドンドンやるのだ。演壇に立って恥ずかしく思わなくてもよい。恥ずかしく思いつつやればよいのだ。その方がずっと良い話が出来る。いくらビクビクしてもよいから、それをあなたの欠点と思うな。誰でも自分を内気だと思う。そしてそれで丁度良いのである。内気は当り前だ。

魂の声をきけ

人間がやりたいことだけをしていては、中々成長しないのである。時にはやりたくないこともしなければならない。疲れ切ってバスのシートに腰をおろしている時、あなたの前に老人が立った。あなたの肉体は立つことを拒絶し、狸寝入《たぬきねいり》を要求する。が、いさぎよく立つがよい。あなたはその時肉の声を否定し、魂の声を採った。するとあなたは一段と成長する。肉と霊との命令が交錯する時、あなたは必ず「霊」の声を聞かなければならない。なぜならあなたは肉体ではなく、霊そのもの、「神の子・人間」だからである。自己訓練の場とチャンスはどこにでもある。

あたり前の心

あたり前があたり前に行われるということは尊いことだ。子が親に感謝するのはあたり前だが、それが中々行われない。夫婦仲良く、親が子を有難く思う。これも亦あたり前である。がしかし何かと屁理屈《へりくつ》をつけて感謝しない。そんな時、「もしこの人がいなかったら自分はどうなっていたか」と考えよ。親がいなかったら、自分の今はない。国家がなかったら、今享受している自由も繁栄も、テレビもステレオもオートバイもないのである。外国から来た人々は、日本の青年は幸せだという。しかし日本にいて、国家の恩恵にどっぷり浸り切っている人々には、時としてその有難さがわからなくなることがある。こうして人は暗い人生を歩むのである。

神の国への招待

あなたの前に横たわる一切の障礙《しょうがい》は、影である。固い壁ではなく、壁のように見える幻影にすぎない。だからそんなものを恐れる必要はない。インフレ、失業、不況、失敗、左遷《させん》……そんなものは、どこにもない。左遷され、追放された——と思う時、そこに極楽世界がある。実は神の国への招待だと知らなければならない。あなたは、この俗世からの追放を、全身心をもって祝福すべきである。

豊かな生活

一体豊かさとは何か。女子大生が最新流行の服装をし、有名ブランドのアクセサリーをくっつけたら、みんな同じスタイルになったという笑い話がある。これは本当の豊かさではない。豊かさの根本は、心の豊かなことだ。心が豊かであるというのは、愛深い心で周囲の全ての美しさや優しさ、そして個性的多様性を讃美することである。すると当然人は個性的になる。自然を愛し、一木一草に感謝する。時にはお化粧もし、時には素顔で汗を流して働く。ジーパンもはくが、ロングドレスも着こなし、エチケットを守るイキな暮しの人生が始まる。

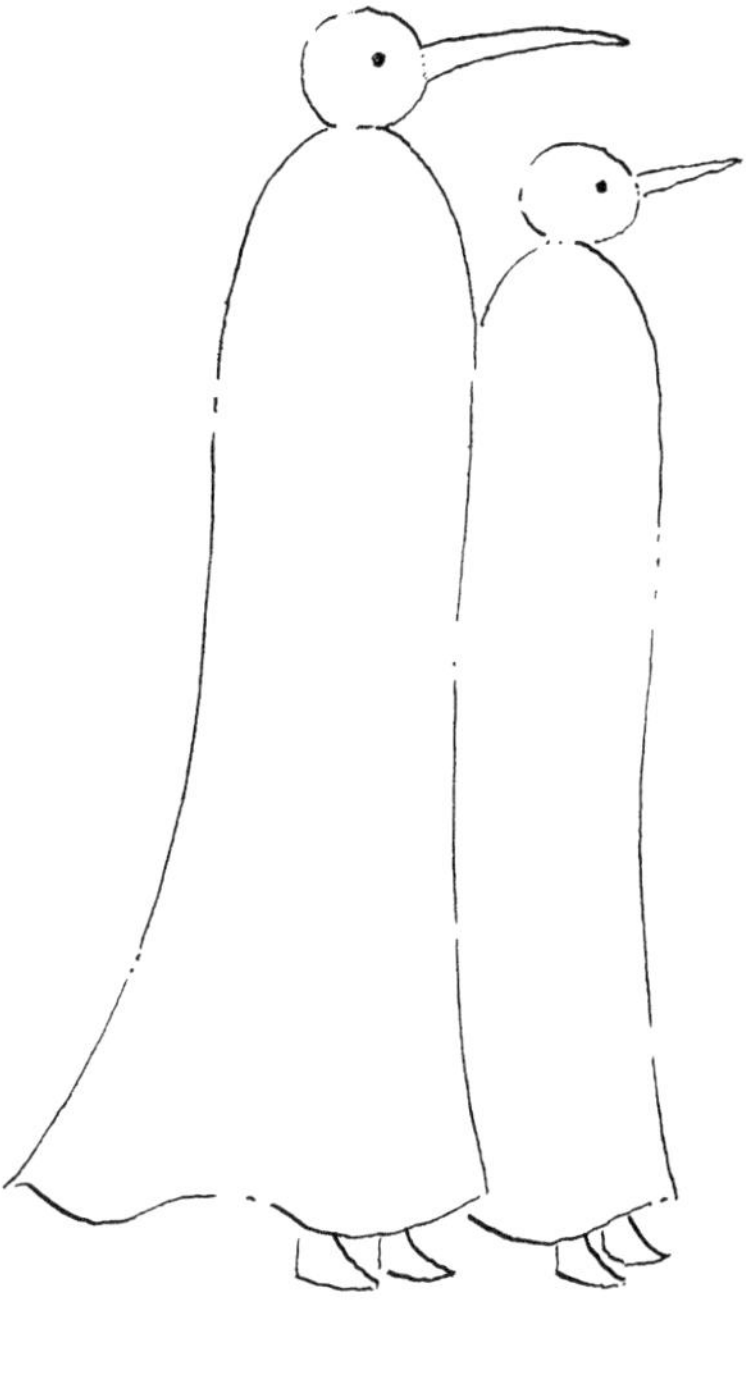

神の目を

人生には色々の失敗がある。しかし人は失敗を経験しつつ向上するのだ。丁度ピアニストが何べんも練習を繰返し乍《なが》ら、遂に難曲をマスターするように。だからあなたは失敗を恐れてはならぬ。失敗をごまかしてはならない。失敗に打ち負かされるな。しりごみしたり、他人のせいにしたりしてはならない。失敗は一種のチャンスだ。吾々に何かを教えてくれる。もっとしっかりやれと激励してくれる。あなたはその時「人の目」を気にしてはいないか。「人の目」よりも「神の目」を思え。その時愛深くじっとあなたを見守っている神の愛を実感するであろう。だから「神想観」をしよう。

痛みは治しつつある

痛みは、一種の防衛本能である。と同時にそれは、一種の治癒作用でもある。激しい痛みをこらえていると、ひどく疲れるものだが、それは身体が一種の運動をしているからである。血液が痛みの箇所《かしょ》を貫流し、治す働きを増大させていることを現わしている。だから痛みを憶えたら、それに感謝して、「これでよくなる。よくなりつつある」と思え。人生に於ける「苦しみ」も同じだ。それはあなたをより一層すばらしくしようとしている働きである。だから困難をさけ、苦しみから逃れ去ることばかりを考えてはいけない。痛みや、苦しみには、積極的に「感謝」しつつ、明るく立向うがよい。

反省と前進

もしあなたが何かを習いたい、何かを学びたいと思うならば、もう既にあなたの中にはすばらしい向上心があり、才能があり、意志の力がある証拠である。それはそれで実に立派だ。がその時忘れてならないことがある。それはあなたのように学校に通ったり、おけいこに通ったりしたくても出来ない人々が沢山いるということである。ベトナムやコソボの難民たちの、あの悲惨な姿を思え。三度の食事すら食べられず、やせさらぼうた手に与えられるものは、小量の塩味スープだけである。それもあなたと同じ人間だ。あなたはこれらの人々のことを少しでも考えてあげ、自分があまりにも欲張りすぎていないかを反省してみる必要がある。その謙虚な心を持って、あなたの目標に向ってたくましく前進するがよい。

小さくても貴い

大きな家、大きな自動車、大きな部屋、大きな身体、広大な領土、沢山の人口、無数の戦車や艦船などがすばらしいと思ってはならない。宝石は、どんなに小さくても、すばらしいのだ。人間の身体も、小さくたって一向にかまわぬ。国土も、べらぼうに大きいだけが取柄《とりえ》ではない。あなたの部屋も、どんなに小さくても、そこに住むあなたの心が、愛ふかく潔《きよ》らかであれば、そこがそのまま神の社《やしろ》だ。あなたの愛行がどんなに小さくても、巨大な自動車よりも大きな価値をもつ。あなたの小さな善行は、ダイヤモンドよりも光り輝いている。あなたのささやかな愛念や微笑が、あなた自身を大国以上の存在とするのだ。

忠恕

孔子は沢山の教えを説かれたが、たった一つの道を心がけるべきだとも言われた。その一つとは「忠恕《ちゆうじよ》」である。「忠恕」とは、真心であり、具体的には思いやりのことである。相手の立場に立って考えてあげる。一本の植物を引き抜こうとする時、その植物の立場に立って考える。そうすると滅多《めつた》なことでは引き抜けない。見苦しいとか、邪魔だというだけでは、こっちの立場だけを考え、相手の立場を考えているわけではないからだ。そこで孔子は、この忠恕一つだけでも真剣に、一生をかけて追及する決意を示された。あなたもまたできるかぎり忠恕を心がけるがよい。それは必ずしも、その草を引っこ抜くなという、単純なことではないのである。

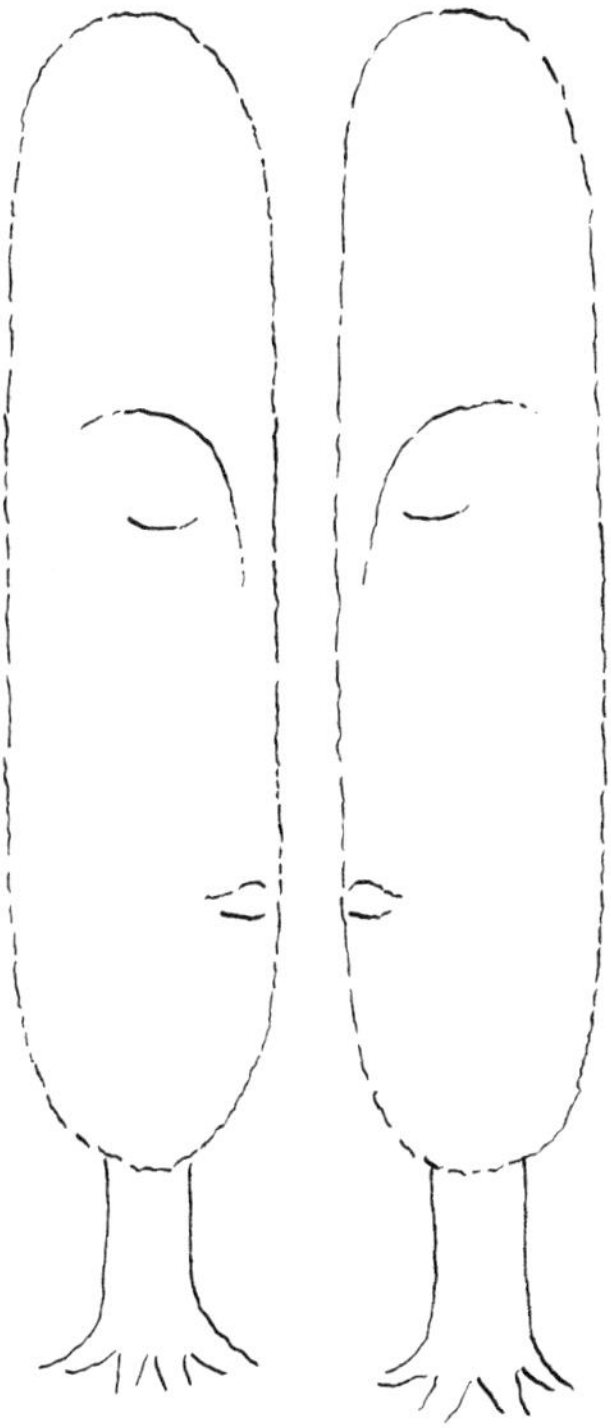

真の友人とは

人が景気良く成功している時チヤホヤするのは、真の友人ではない。しかし人が苦しみ悩む時、その人の真の理解者となり、援助者となる人は、真の友人である。カーターさんが故大平首相を真の友人と観たのは、そのような関係からであった。あなたも友が失敗したり行き詰った時、冷たく彼を見捨てたり、批判し疎外したりしてはならない。「あいつが失敗したのは、心境が悪いからだ」と冷たく裁《さば》くだけではいけない。そんな時にこそ、彼に対し彼女に対し、真の信仰の在り方を伝え、共に行じ共に語り、再び過《あやま》ちを犯さない心を確立しなければならないのだ。

つっぱるな

飛行機に乗って窓から外を見ると、翼がユラユラと揺れている。何だか危《あぶな》っかしいようだが、実はそうではない。もし翼が揺れない堅い構造であると、飛行機はすぐ破壊する。揺れるから翼は強風に耐えるのだ。そのようにあなたには柔かさが必要である。いつもつっぱっている生活では、かならず破綻《はたん》する。信仰から脱落する人も、つっぱりすぎるからだろう。剛《ごう》構造《こうぞう》の翼が強風に耐え切れぬ如く、あなたは人の目の圧力から逃れ出なければバラバラになるような気がする。だからあなたは決してつっぱるな。肩の力を抜け。もっと楽になって、本当の「神の子人間」の喜びにゆったりと浸ることができるに違いない。

自己表現

日本の暴走族は幸せだねと言う人がある。アメリカなんかではいくらスピードをあげて突っ走っても、あまり目立たない。だが狭い日本では、みんなが注目してくれる。そのみんなの関心や注目が嬉しいのだという。そのためわざわざ人通りの多い町角に集る。人は善いことをして注目されないと、悪いことをして注目される。とにかく若人は自分が今ここにこうして生きていることを、力強く表現したいのだ。同じ表現の努力をするのなら、善いことをして自己を表現しよう。すると底力も出るし、世の中の人から極力賞讃される。それが又自分の真の喜びともなるのである。

忙中礼あり

人が忙しく仕事をする時、とかく荒々しい態度になる。言葉使いがぞんざいになったり、相手の気持ちを配慮することが少なくなる。しかし、それで仕事がはかどるものではない。あなたは忙しければ忙しいほど、礼儀正しくせよ。その方が却《かえ》って仕事がはかどる。多くの人はそれをしないから、失敗するのだ。人にできなくても、あなたにはやれる。人間らしい仕事をして、初めてあなたは高く評価される。警察官、新聞記者などは忙しいだろうが、できるだけ深切に又礼儀正しくあれ。そうして初めて人々は安心して彼らに協力する。そうなって初めて、その国は文化的に高く進んだ国家と評価されるのである。

奴隷度

あなたは目先の利益に引っかかってはならない。それは子供が甘い菓子にひかれ、遊びに夢中になり、遂に人さらいにさらわれてしまうような生き方である。魂の大人は、自己生長を遂げるため、欲望よりも訓練を取る。甘い菓子よりも、バランスのとれた食事を好む。もしあなたが「魂の大人」を目指すならば、欲望の奴隷となってはならぬ。如何なる奴隷にも「真の自由」はない。もしあなたが不自由を感じているならば、先ず第一に自己の「奴隷度」を反省せよ。崇高《すうこう》な霊的目標よりも、どれだけ欲望に引きずられているかの奴隷度数こそが問題である。

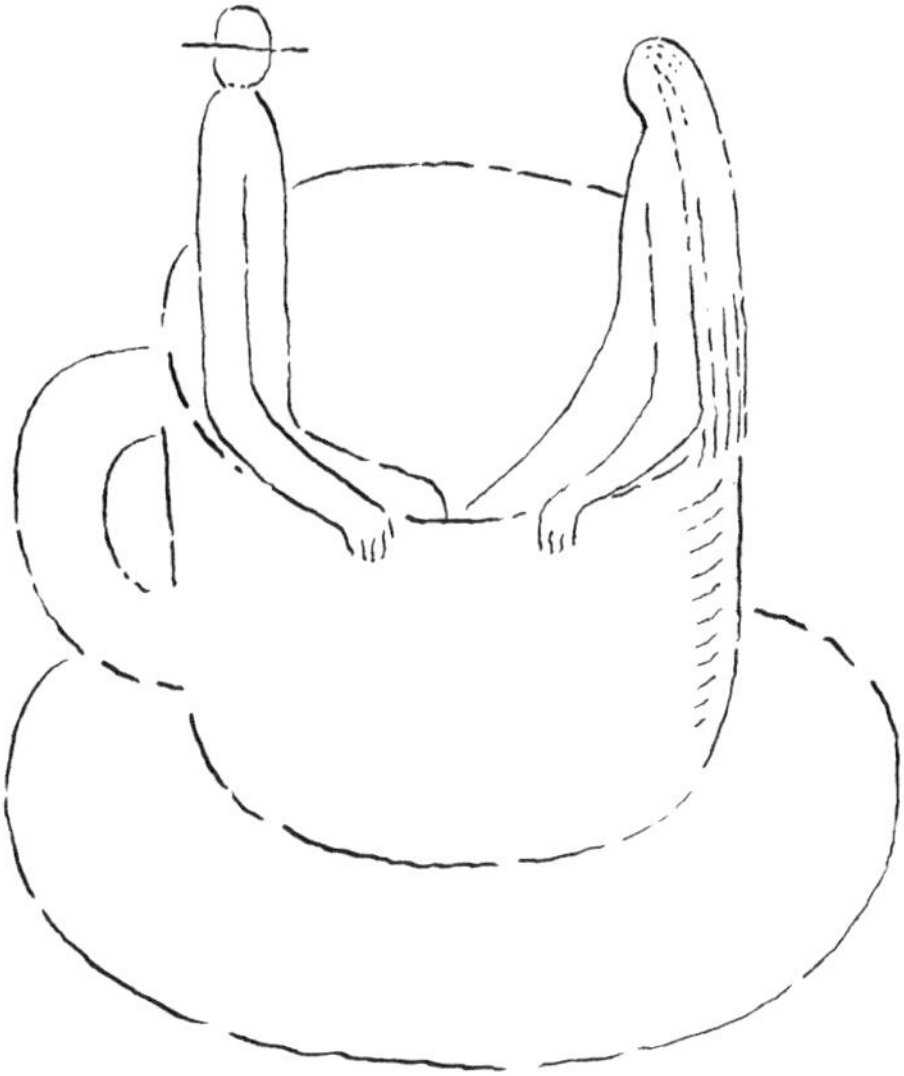

秋の紅葉

秋の紅葉が美しいのは、夜間グッと冷え込むためである。昼には日光が直射する。そのような寒暑《かんしょ》の刺激が、あの美しい色取りとなるのである。人間の人格が美しく輝くのも、その人が種々の暑さ寒さに耐えるからだ。環境の厳しさをくぐり抜けて、初めて人格が光り輝く。鍛《きた》えられて初めて人は本来の「神の子」の善さを発揮する。しかし秋の紅葉が美しいのは、樹木に紅葉する本質がある場合に限られる。そのように人格が美しく輝くのも、その人格が「神の子」の本質を持つ場合に限られる。本来の美しさが、鍛えられて現われてくる。そして又あなたの周囲が美しいと分るのは、あなたが美しい心を持っている証拠である。あなたは秋の紅葉そのものだ。

茶道の如く

重い物を重そうに「よっこらしょ」と持ち上げる。軽い物をひょっと指先でつまむ。こんな動作は正道ではない。その反対に、重い道具も何気なく、軽い道具も慎重に取り扱う。そこに茶の心がある。茶道ばかりではなく、人生そのものをそのように送らなければならない。小さな仕事でもバカにしてはならぬ。たった一字の校正《こうせい》ミスでも、その文章全体の雰囲気を殺す。あなたの発する一言が、「やはり生長の家はいいな」となったり、その反対ともなる。あなたは又大きな仕事を与えられた時、それを軽々と明るく素直に、自然体でこなす。その時あなたは心から「素晴しい」と誉《ほ》めたたえられるであろう。

気高い心をもて

もしあなたが世界的な仕事をしたいと思うなら、知識や技術ばかり習得してもダメである。語学が達者なだけでもいけない。それらもあった方がよいかもしれないが、一番大切なものは、気高く広々とした心である。神のみ心が、そのままその人の心であるような人物になれ。そうすれば間違いなく「世界的仕事」を成し遂げることができる。何故なら神が凡ての創り主であり、神が真の世界の支配者だからだ。人格の低いニセ支配者はゴロゴロいる。それらが政界官界実業界学界でうごめいても、結局大した仕事はできない。だが神の心を心とした者は、永遠の価値ある仕事ができるのである。

姿勢を正せ

人は姿勢よくしている時、最も美しく見える。電車の中で、老婦人がシャンとした姿で立っているのを見て「ああ美しい」と家内は讃美していた。それにくらべて青年が、大股をひろげ、いぎたなく腰を下し、二人半分の座席を占領しているのは、全く見苦しい。彼や彼女がどんなに髪の手入れをし、洋服を着飾っていても、それではちっとも美しくない。それればかりか彼らの品性や頭の中も疑わしい。あなたの洋服がどんなに質素であってもかまわない。ただあなたは、いつもしゃんとした姿勢でいてほしい。そしてたえず周囲の人々にさわやかな空気を送る「明るく気持のよい若者」であってもらいたい。

いくらでも伸びる

若い人たちは、一年間にずいぶん成長する。去年入社した娘さんが、一年くらいのうちに、すっかり美しくなり気がきくようになっている。若い人の成長は実に早く、そして美事である。だからあなたは一年一年を大切にし、一日一日を大事にしてほしい。時にはつらいこともあるだろうし、叱られることもあるだろう。しかしそれであなたは伸びて行く。失敗しても、それが養分となり、あなたはさらに立派になる。失敗したことをクヨクヨ考え悩むな。二度と同じ失敗をくりかえさないために、しっかりとその教訓を身につけるのだ。あなたは、自分で考えている以上にすばらしい「神の子」なのである。「理想世界」という神の国の住民である。

理想国へのご招待〈完〉

理《り》想《そう》国《こく》へのご招《しょう》待《たい》

平成一二年 五月一五日 初版発行
平成二六年一二月 五日 再版発行

著 者 谷口清超（たにぐち せいちょう）〈検印省略〉

発行者 岸 重人
発行所 株式会社 日本教文社
東京都港区赤坂九―六―四四 〒一〇七―八六七四
電話 〇三（三四〇一）九一一一（代表）
〇三（三四〇一）九一一四（編集）
FAX〇三（三四〇一）九一一八（編集）
〇三（三四〇一）九一三九（営業）
頒布所 一般財団法人 世界聖典普及協会
東京都港区赤坂九―六―三三 〒一〇七―八六九一
電話 〇三（三四〇三）一五〇一（代表）
振替 〇〇一一〇―七―一二〇五四九
印 刷 東港出版印刷株式会社
製 本 牧製本印刷株式会社

ISBN978-4-531-05212-7